JN216599

北のダンナと西のヨメ 2

Ryoichi Yokoyama

横山了一＝著

飛鳥新社

まえがきマンガ

みなさん
お久しぶりです

「北のダンナと西のヨメ」
第2巻が
出ました〜！

1巻の売れ行きが
思ったより好調で…

こうして2巻を
出せることに
なりました！

うれしぃ…

へ〜
そうなんや！

気楽に描いたのが
よかったんかなァ？

うん、もう
なんなら
オレの今までの
コミックスの中で
一番売れた……

もう一生
北海道マンガ家
でええやん！

ちょっと
フクザツ…

「北のダンナと西のヨメ」
第2巻 始まります！

北のダンナと西のヨメ ②
もくじ

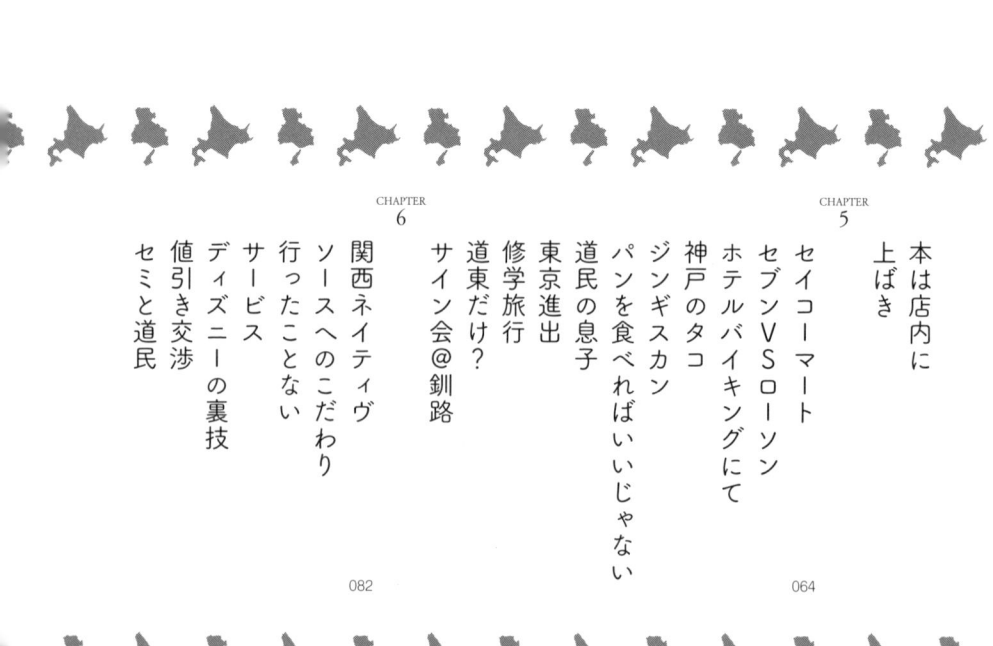

明石焼きって…
君の名は①
君の名は②

CHAPTER
EX

北のダンナと西のヨメ②

CHAPTER 1

北海道新幹線開通

おおっ
ついに！

北海道新幹線が
開通しました

えーっと
終点の
新函館から
実家の
釧路まで…

カチ
カチ

うん
いいね〜！

今度新幹線で
帰省したら
ええんちゃう？

ダメだ

新幹線を
降りてから
8時間もかかる！

ほっかいどう
でっかいどう

函館はまだ行ったことがないので、一度行ってみたいとは思っています。でも、実家から遠いんだよな…

意外と西も

神戸に帰省中

今から岡山のお兄の家行かへん？

うん 行く行く！

ブロロロロ

前に大阪行った時すぐだったから

岡山もパッと行けるだろ！

3時間経過

あの…この距離…北海道人でもけっこーしんどいですね…

西の方はとにかくだだっ広いねん…

ハァ

ハァ

関西は県がギュッと詰まっているのですが、ちょっと西の方に行くとだだっ広いです。横に長いのなんの。

ゴミ捨て

このゴミ
ほかしといて〜

？

えーっと…
ほかす…

わかった
わかった

「捨てる」
って意味ね！

なんで
違う言葉で
言うかな〜

わかるんやから
別にええやん！

じゃゴミ
なげてくるわ〜

いやいや
投げたら
アカンやろ
ソレ！

北海道弁で
「なげる」は「捨てる」
という意味です

「ほかす」も「なげる」も関東じゃ通じないんですぜ…！

早口

よく早口すぎって
言われるけど…

関西じゃこれくらい みんな
しゃべるっちゅーねん！

んなことないで！

だいたい
早口いうのは
全然聞きとれ
へん…

録音して
オウム返しする
キティの人形

よく早口すぎって
言われるけ…

ほんまや…

早口やわ!!

ようやく
気づきました

このキティ人形は読者に大人気で、Twitter でアップした振動する動画も好評でした。

装備の差

関東で大雪が
降りましたね

こういう時必ず
雪国の人たちは

北海道出身の僕も
ずっとそうでした

でもみなさんも
よく考えてほしい

この程度で
交通マヒ
かよ〜！

東京
根性ねェわ〜！

みたいに
ワーワー言いますね

雪国と他の地域では

その他（LV1）

雪国（LV50）

これくらい冬の
装備に差がある
ということを……！

大雪のたびにリツイートが伸びた漫画。その代わり雪が止むとぱったりと伸びが
止まるのが面白かったです。

例外あり

関西ローカル番組を視聴中

こっちのローカルは面白いね〜！

いや〜

そんなんあたりまえやん

関西はシロウトからしてすでにお笑いレベルが高いねんで！

でもヨメが面白い**話してる**の見たことないんだけど……

それ…それは…

これはこれ!!

すべての関西人が面白いとは限りません！

嫁さんは面白い話をしようと思えばできるらしいんですけど、家では手を抜いているらしいです。そうだったのか。

道民性

北海道って
めっちゃ広いけど…

道内で
県民性みたいなの
ないん？

へ？
市ごとにって
こと？

そーそー！
こんだけ広いし
さすがに
あるやろ！

札幌は
都会っ子
ぽいかなァ

えーっと……
あとは……

歴史が浅いゆえに
関西ほどのキャラの
違いがない北海道

そのへんも
北海道
らしいわ……

さっ
ドラクエ！
ドラクエ！

ごめん

あんまよく
わからんわ！

市民性みたいなのはあまりないんですけど、釧路が微妙なポジションだというの
は共通認識としてあると思います。

近畿の県民性

和歌山出身の知人は何人かいるんですが、帰省に時間がかかるというのをよく聞きます。地形的にわかる気がする。

学ばないダンナ

東京着

げっ上着なんか
いらなかった！

モワッ

釧路着

しまった……
薄着だった！

ビュウウウ

ブルッ

東京着

ああっやっぱり
厚着だったァ！

モワッ

釧路着

うう……今年も
薄着すぎた！

ビュウウウ

ブルッ

釧路着

なんでオレ毎年毎年
同じことをくり返す
んだろう……

ぐっ……今年も
失敗した……

ビュウウウウ

ブルッ

「今こんなに暑いんだから、向こうが寒いわけがないだろう！」という思い込み
がいつまでたっても抜けません。

学ぶ息子

こういう環境の変化って子どもの方が柔軟ですよね。俺みたいなおっさんはダメだ。

北のダンナと西のヨメ❷

CHAPTER 2

氷の城

ウソや〜
雪まつりと
ちゃうん？

ホントに
あるんだって…

釧路には「氷まつり」
というイベントがある
のですがヨメになかなか
信じてもらえません

北海道アクセント

幼稚園に
迎えに
行ってくるわ!

この
コーヒー
うまいね〜

うん
イチゴ食う!

イチゴ
食べる?

フフ……「コーヒー」も
「ようちえん」も
完全に標準の
アクセントになったぞ!

北海道アクセント
なかなか抜けない
抜けそうで

ああッ
これはまだ
マスターして
なかったァァ!!

へ?
今のアクセント
変やけど……

個性が薄そうで、地味におかしなアクセントが多いのが北海道弁なのです……。

バカとアホ

まったくママは
バカだなあ！

ピクッ

ちょっと〜！
今アンタ
バカ言うた！？

ムカーッ

親に
そんなこと
言うたら
あかんねんで！

うんうん
そうだそうだ

せめて
アホにしとき！
アホやったら
全然かまわへん
から！

ちょっと待って！
アホも
ダメ
だから！

「バカ」は許さないけど
「アホ」は全然OKな
関西人のヨメ

僕も影響を受けて、「アホ」を気軽に使うようになりました。いけませんな。

五郎さんはいないから

ヘ〜北海道スか！

いい所っぽいですよね〜！

やっぱアレですか！キタキツネとか出て！

ハァ……

そんでラベンダー畑があって！

あ——まァ……

んで自分で家作っちゃうみたいな！

なかなかそんな人はいないかな〜……

「北の国から」のイメージでとらえられるのに道民はうんざりしてるから気をつけろ!!

北海道出身なのに「北の国から」をロクに観たことがないなんて、言えない……（言っちゃったけど）。

ファンタジー的一人称

よーし

作品の中に関西人キャラを出すぞォ！

ちょっと関西弁チェックしてくんない？

あ〜ええで！

ワイに任せとき！

ピクぃ

関西人で「ワイ」って言う人……

おらへんから！

「ワイ」はマンガの中のみのファンタジー

こう書きましたが、実は和歌山の方で「ワイ」を使う地域があるみたいです。日本は広いぜ…！

こぼれいくら

北海道の某回転寿司屋

あ…あの……

この「こぼれいくら」てのを……

キリギリーン

ハイ こぼれいくら～!!

ね…ねェ夫……

北海道やとこれってフツーなん……?

ワッショイ!! ワッショイ!!

ドバッ

ワッショイ! ドバッ

元気いっぱいまいりましょ

いや…

道民も割とひいてるね!

やりすぎだと思う!

北海道に来た際には「こぼれいくら」ぜひお試しを!

思い込み

ワハハハハ

みんな老けたな〜

あ 笑点

やっぱヨメは新喜劇とか

ずっと観て育った感じ？

昔はよく観てたなァ

この時間帯ってヒマだったし……

正直新喜劇あんま好きやないわ！

関西人がもれなく好きってわけじゃないんだね……

いや〜……

吉本新喜劇は関西の原点だと思っていたのに……！　騙された…！

寒冷地仕様

釧路に帰省

うむ

やはり北海道の家はあたたかい

ぬく ぬく

了！ストーブつけるかい？

いや別にいい……

もう呑だし…

母

ぬく ぬく

ちょっと！ストーブつけるかい？

だから今はいいって……

了！やっぱりストーブつけた方が……

いいから！ストーブはもういいから！

とりあえずストーブをつけずにはいられない北海道の母

僕は乾燥肌なのに、冬に限界までストーブをたく母親をどうにかしてください。粉ふきます。

最強のネコ派

圧倒的関西力を
持つ義母 直子

いつもヒョウ柄の
カットソーを身につけ
期待を裏切りません

久々に
来たで〜！

あっ
どうも……

クルッ

ジャガー……
ヒョウ……

トラ!!

ジャガー……
ヒョウ……

トラ!!

期待を裏切らないどころか
上回ってくる義母 直子

最近義母は僕の期待に応えようと、あえて過激なファッションを選んでいるん
じゃないかと思う時があります。

るべしべ

るもい！

えーっと
この地名は……

留萌

いや〜
だいぶ読める
ようになった
ね〜！

やろ〜？
日々成長
しとんねん！

おたのしけ！

大楽毛

KUSHIRO

てしかが！

弟子屈町

道民すら読めない
地名　ホント
山ほどあります

ゴメン　コレ
オレも
わからんわ……

えーっと
これは……
これは……

留辺蘂町

たぶん死ぬまで読めない北海道の地名ってたくさんあるんだろうなあ、と思います。

駐車場問題

関西人のヨメと結婚してはや8年

関西弁もほぼわかるし

食文化の違いもだいたいわかったぞ！

オレは関西を理解したね

もう関西マスターって呼んでよ！

じゃあ

モータープールてわかる？

モーター……

モータープール……

モーター……

たぶん今考えてるのとちゃうで！

ブルルルル

関西で「駐車場」のことらしいです

なぜか北海道でも、帯広などで「モータープール」が存在するらしいです。昔の呼び方みたいですね。

横山家 in 淡路島

2年ほど前

みんなで淡路島に行った時のお話です

わ〜

久々っスね淡路島！

海……

僕は不安な気持ちになりました

ホテル海の近くやから

みんなで泳いだらええねん！

僕の育った街
釧路は夏でも気温が
低すぎて

海はあるものの
誰も入ることのない
寒々しい海でした

ゆえに僕は

「海水浴」と
いうものをロクに
楽しんだことが
ないのです

ザザーン

ああ…
もっと南の方
に生まれた
かったぜ…

顔だけは
むしろ九州寄り
やけどな!

色黒で
ゴツいし!

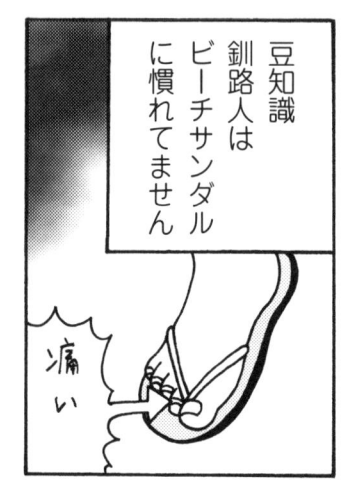

豆知識
釧路人は
ビーチサンダル
に慣れてません

痛い

ビーサン
久々にはいたわ…

うぅっ

ねェヨメ
ビーサンに
砂入るの
気持ちわるい……
どんだけ
ヤワやねん！
さっさと水で流し！

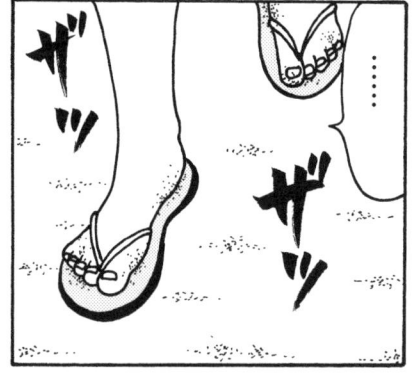

ザッ

ザッ

……

ジャバ

ジャバ

僕が海を
求めていないように
海も僕を
求めていない……
そんな気がするのです

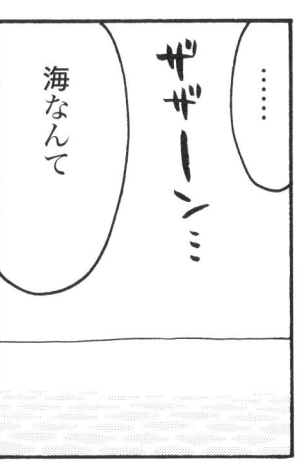

…………

海なんて

いったいいつぶりだろう

大人になってから来たことなんてなかったかも…

こ

キャハハハ

アレ？

みんな海に入らないの？

こわい

こあい

うん……君たちはそーいうタイプだよね……

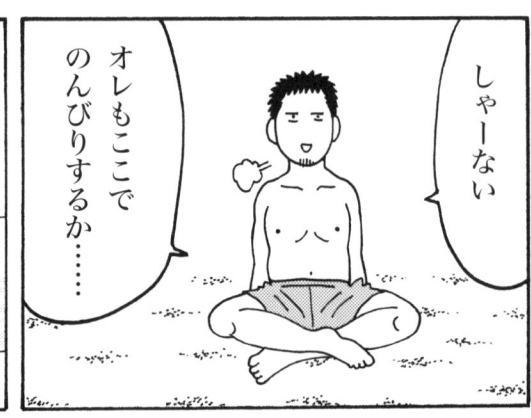
オレもここで
のんびりする
か……

しゃーない

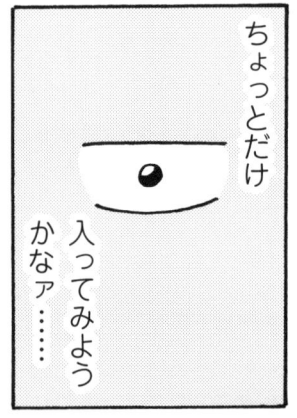
ちょっとだけ
入ってみよう
かなァ……

……

!!

パパ
どこ行ったん？

ん？

海って……

ど…
どないしたん？

パパ……

メチャクチャ
気持ちいいなァ!!

おっさんになって
海の楽しさを
知る釧路人

北のダンナと西のヨメ❷

CHAPTER 3

道民の冠婚葬祭

北海道から上京して

はじめての結婚式

スーツ
芽手…

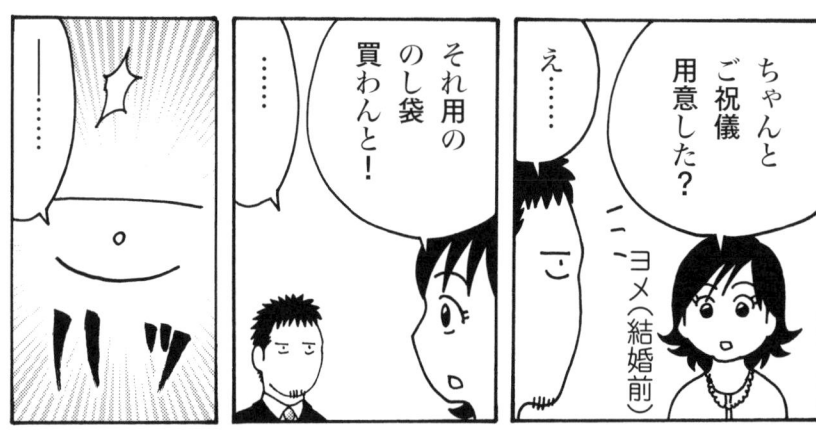

ちゃんとご祝儀用意した？

ヨメ（結婚前）

え……

それ用ののし袋買わんと！

……

そういえばオレ

今までご祝儀って送ったことない……!!

北海道の結婚式はなんと会費制です

北海道から出ていく人のために、高校などで従来のご祝儀の包み方とかを教えたほうがいいと思う。

百字帳

結婚して何年たっても、「この商品、関西ローカルやったァァ！」ってよくヨメさん驚いてます。

ハードルを上げないで

今日の
打ち上げ
スシにしよう
かと思ったん
スけど……

おおっ
スシ！

横山さん
北海道だから
スシには
うるさそーなんで…
肉にしました！

あ……
ハァ……

今日
ジンギスカン
のお店
考えてたん
ですけど……

おおっ
ジンギスカン！

横山さん
北海道だから
羊には
うるさそーなんで
やめときました！

あ……
ハイ……

フツーに
食いたいんで……

行きましょうよ!!

魚も羊もおいしく
いただきます!!

意外とみんなジンギスカン誘ってくれないんですよね〜……。いやもう、いつでも行きますよ僕は…！

粉もん

だから
オレはね……

フツーに
ジンギスカンが
食べたいんだよ！

……

関西人相手だと
どーだろ

粉もんは
やめときましょう
か〜みたいな
ことない？

いや〜ちょっと
ソレは経験ないわ……

ススシや
ジンギスカンと
違って

ごちそう感が
ないからな……

気取らないのが関西グルメのいいところなんだと思います。神戸だとそばめしが
好き。

コレがあの…

高校の
文化祭準備中

クラスで行灯（あんどん）を
作ってました

な…なんだ
この風!?

もしかして
コレ……

も

ゴ

オ

オ

オ

ビュウ

北海道は台風が
ほとんど来ないので
超レアイベントです

コレがあの
台風……!!

マジかよ

台風
!?

ゴ

オ

オ

オ

昨年、北海道にはじめて台風が三度上陸したらしいですね。皆様お気を付けください。

襟を正して

関西のガラ悪い地域ネタは、むしろそのあたりの地域の方が「うちめっちゃガラ悪いんですよ～！」とすごく嬉しそうな反応をくれるんです。

泳げない理由

パパは泳ぐの苦手なの？

うん息つぎがイマイチでね〜

え〜ダサいなァ！

ゆうちゃん最近プールもぐれるのに！

アタシスポーツダメやけど

水泳だけはパパより上手いわ〜！

しかたねーだろ〜

学校にプールがないんだから!!

北海道は寒いので屋外プールがメチャクチャ少ないです

やっぱり夏の間に学校のプールでガンガン泳ぐのと泳がないのでは、全然違ってくると思うんですよ。息子も水嫌いだったけどだいぶマシになったし。

ちくわぶ

北海道の
おでんの
みそを
ぬるんだよ

へ〜
そーなんや！

うまっ

おでんの
玉子うまいわ〜

ムシャ
ムシャ
ムシャ

ちくわぶ……

……

そーいや
関西だと

関東のちくわぶ
食べる機会なんて
なかったんじゃない？

ちくわぶ

あかん

そもそも
存在すらよく
わからへん…！

地域によっては
認識すらされていない具
「ちくわぶ」

ちくわぶはそんなに美味しいものじゃないので、別に知らなくてもいいんじゃないかな〜…と思います（好きな方ごめんなさい）。

豚肉アンビバレント

北海道の日本料理屋にて

ここはすき焼きがおいしいんだよ

へ〜

いや〜牛肉だよ！

ここは高級なお店だから！

ええっ…フツーに牛肉!?

でも北海道だしやっぱり豚肉なんだよね？

おいしい…すごくおいしいけど

心のどこかで豚肉を求めている俺がいる…

豚のすき焼きで育ってしまった悲しみ

息子はすき焼きが一番好きな食べ物なんですけど、豚肉のすき焼きを食べたらどんな反応をするんだろう…とちょっと気になっています。

牛肉ネイティヴ

ヨメさんは関西人ですが牛肉が嫌いです

豚肉やで〜!!

よーし今日も

豚肉の肉じゃが！

う〜ん変な感じやわ…

ポークカレー!!

牛肉ないの慣れへんわ〜……

ハヤシライス!!

ホンマに豚でええんやろか…

嫌いとはいえしみついた牛肉文化ってなかなか取れないんだね〜…

嫁さん曰く、家計的には豚肉は安いのでとても助かるらしいです。牛肉もバンバン買えるように頑張りますよ…！

北のダンナと西のヨメ ❷

CHAPTER 4

ボク
東北出身
なんですよ

あ〜
一度行きたい
っスわ〜！

東北に近いくせに
行ったことのない道民は
結構多い
（道内があまりにも広いので…）

関東の桜餅ってクレープみたいになっとる！

ちょっ…なにコレ！？

いやコレはコレでうまそうやけど！

桜餅いうたらコレやろコレ！

コレ→

夫もアレなん！？

このクレープみたいな桜餅で育ったん？

いえ…安心してください

北海道も関西風の桜餅なんですよ！

北海道への文化の流入ってホントごちゃまぜです

いまだに関東風の桜餅を食べたことがありません。想像が膨らむ……。

アメリカンドッグ

ステレオタイプなイメージ

あ！このマンガ北海道が舞台やで！

ほう どれどれ……

パタン

だから言ったべや！

オレ オマエのことが好きだべさ！

したっけ アタシ言ったっしょ……

あ

あ あ

違う……

こんなにわざとらしいしゃべり方しねェよッ！！

北海道民がみんなべやとかべさばっか言うわけじゃないから気をつけろ！

北海道が作品の舞台になるのはいいんです。でも誇張した北海道弁は苦手なんです…！

054

関西弁強すぎ

ヨメさんの実家の神戸に帰省

20円のお返しです〜

※関西アクセント

ありがとうございます〜

！

ど…どうしたの？

西松屋便利だね〜

あの店員さんいくらなんでも関西弁すぎひん…？

あなたも関西人じゃないですか…

一回出て戻るとすっごい気になるみたいです

「実家の方言てこんなに濃かったんや」第二弾。確かに神戸の山のへんは濃い。

ステレオタイプなイメージ❷

カニをむさぼる祖父母

僕は北海道出身ですが

エビもカニも全く好きじゃありません（しかも軽いアレルギー）

エビが食べられないなんてかわいそうに……

ハァ……

東京

北海道なのにもったいないね〜……

ハァ……

せっかく釧路に生まれたのにねェ…

かわいそう…

かわいそう…

いえ全く興味ないんで… です！

かわいそうの意味がわからない！

名産品でもいらないものはいらないです

「釧路出身だけどエビもカニもアレルギーで食べられない」って説明するのに疲れたので、ここでみんなよく覚えてください。

ヨメと限定品

最近「満月ポン」見ーひんなァ

もう生産してないんやろか……

上京9年目

ふりかけの「旅行の友」食べたいわァ……

なんで最近売ってへんのやろ……

ギャアアアーッ！コレ関西限定やったんやァア！

そりゃ見っからんわ！

ギャアアアーッ！これも西日本限定やったァア!!

そりゃ見っからんわ！

「実はローカル商品」に毎回ショックを受けるヨメ

「旅行の友」もいまだに食べたことがないです…。今度ヨメさんの実家でこっそり探してみます。

ニュアンスでわかって

北海道て
アクセントは変やけど
方言は
少ないねんな！

そーそー　割と
洗練されてるってやつ？

釧路

母

あ〜
あずましく
ないわ〜

あらま〜
はんかくさい
人だね〜

前言撤回

何言うてるか
わからへんわ……

あ〜いずい！
このTシャツ
いずいわ〜！

「あずましくない（＝落ち着かない）」や「はんかくさい（＝ばかくさい）」は年齢層高めの方が使うイメージがありますね。※いずい＝なんか不快！

058

シュッとしてる

関西の義母と
はじめて会った時

こ
ニ

はじめ
まして！

お〜アンタが
了ちゃん！

了ちゃん
アレやな……

**シュッと
しとるな！**

シュ…
シュッ？

いやボク
別に細くない
ですけど…

いやそこまで
シュッとしてへんて！

しとる！
しとるて！

ホラ
シェッと
しとるやん！

関西の人は
「シュッとしてる」が
あまり通じないことに
早く気付くべき！

この「シュッとしてる」は、関西以外でもけっこう通じるみたいです。テレビで
関西芸人が使ったりするみたいですね。

本は店内に

東京の本屋って商品外に出すトコあるよな〜……

へ？それがフツーちゃうん？

北海道だと商品絶対店内だと思う…

マジで!?こーいう風景存在せんの!?

オレの予想ではたぶん**本が凍るから…!!**

カチーン

本すらも外にいることが許されない地 北海道

異国やわ…

実際のところは雪で本がダメになるから、とかなんでしょうね……。

僕の地域は確か「うわぐつ」でした。これもけっこう言い方が全国でバラけるんですよね。

北のダンナと西のヨメ❷

CHAPTER 5

セイコーマート

関西人のヨメ 初セイコーマート

セイコマ 行くか……

なにコレ!? セイコーマート?

なんやココの おにぎり……

でかくて具が うまい!

オリジナルの パンも……

めっちゃ 香ばしいわ!

しかもココの ソフトクリーム

甘くて超絶品や ないかァァ!

なんやココ…

楽園か!!

おおげさじゃなく クオリティ高いです セイコマ!

ステマじゃなくクオリティ高いです、セイコーマート（北海道で圧倒的なシェアを誇るコンビニチェーン）。僕と息子だけで北海道に帰省した時、ヨメからセイコマのお土産を頼まれました。

セブン vs ローソン

東京にて

ローソンの新スイーツうまいんやて！

マジで？探そう！

ローソン
ローソン
ローソン

ローソン
ローソン
ローソン

ダメだ……

セブンしかねェ!!

神戸に帰省

セブンで新ドーナツ出たんやて！

マジで？探そう！

セブン
セブン

セブン
セブン

ダメだ……

ローソンしかねェ!!

関東はセブン無双
関西はローソン無双

最近は関西の方でも結構セブンイレブンが多いらしいです。すごいなセブン……（よく利用してます）。

ホテルバイキングにて

息子と北海道に
帰省中

家族で
ホテルの
バイキングに
行きました

豚肉の
黒こしょう
ソテー

ホント
うまいわ～！

ソースの
かかった
ザンギも
甘ずっぱくて
最高！

……
揚げた
イモか……

ただのイモが

いちばん
うまい！！

よい素材に
勝るものなし

「北海道はジャガイモがうまい」は一巻でも描いたんですけど、大事なことなので二回描きました。

神戸

義父

神戸の方がみんなこんなふうに海産物を食べるわけではないと思います（義父はちょっとアンタッチャブルな存在）。

ジンギスカン

北海道ってやっぱジンギスカンよく食べんの？

ぼ 150
ハツ 150円
なんこつ 150円
砂肝 150円
レバー 150円
もも 150円

こ ▽

まァ……

あ ……

え〜いいな〜！

オレ羊けっこー好きなんだよね！

……

ジンギスカン家で食いたいわ〜！

言っとくけど安いジンギスカン

……

地味にまずいぞ!!

安い羊にあきあきしてる北海道民けっこう多いです!!

うまいジンギスカンは食べたいけど、パックに入ったやっすいジンギスカンは食べたくないんです……！（ぜいたく）

パンを食べればいいじゃない

神戸

目的地って
どこ？

こっちやで
こっち！

神戸の
街並みは
ステキだね〜

パンといえば神戸
神戸といえばパン

そう？
どこも
こんな感じちゃう？

ね…ねェヨメ…
なんか神戸って
パン屋すごい
多くない…？

神戸はおいしいパン屋さんがホントに多いです。積み重ねた歴史があるんでしょうね。

僕が大学生の時

大泉洋はまだ
ローカルな存在でした

何を言ってるんだ
君は!!

全国デビューのきっかけの
一つになったのが

当時パフィーの2人がやっていた
「Pa Pa Pa Puffy」
という番組

Pa Pa Pa Pa Pa
PUFFY

大泉洋がその全国ネットの
番組で空回るのを

ハラハラしながら観ていた
道民はすごく多かったと
思います

ドキ ドキ
ハラ ハラ
ハラ ハラ

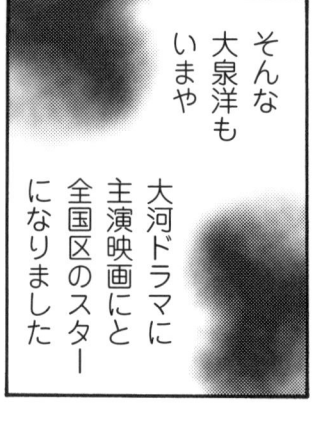

そんな
大泉洋も
いまや

大河ドラマに
主演映画にと
全国区のスター
になりました

それでもいまだに
なんとなく
ハラハラしながら……

大丈夫か
大泉……

「Pa Pa Pa Puffy」を
観ていた時のような気持ち
で彼を観るのです

ドキ
ドキ

どれだけ売れても大泉洋を観るたび、どことなく不安な気持ちになるような気が
します。

東京進出

ダウンウンが全国東京に進出し出した時ハラハラしたわ～！

夫の大泉とおんなじで

全国区になってほしい？どんどん関西のタレントには関西人としてはやっぱ

「いいとも」とか明らかにおとなしかったしな～

ふ～ん

関西人がすべての関西ローカルタレントを応援しているわけではありません！

いや……ミヤネさんとかはローカルのままがよかったんちゃうかなァ…

業深い…

ヨメの中では「宮根さんは全国に解き放つべきではなかった」という思いがあるみたいです。業が深いからね。（二回目）

修学旅行

ヨメ（神戸）

九州や九州！

中学の修学旅行ってどこだった？

釧路はどやった？

……

アレ楽しかったな〜！

山口県も途中寄ったわ

大宰府天満宮行って〜

阿蘇山も確か行ったわ！

道内で完結しとるやん！

何のロマンもない北海道の中学の修学旅行

札幌……

……

中学生の時は札幌でも十分刺激的だったし、いい思い出ではあるんですけどね……。

道東だけ？

道民の中学の修学旅行て味気ないんやな〜

まーでもそれが北海道のルールだから！

その分高校で道外に出た時楽しいしね！

ホラみんな似たような感じ……

 札幌だったので中学の修学旅行は東北でした

 私は青森に行きましたよー！（道南）

 うちは東北でしたね〜

いーなァ東北……一回も行ったことねーや……

とりあえず道東はなにかと損しとるんやなァ…

道東って常にこういうポジションだよなあ、と思います。北海道新幹線も来ないみたいだしね！

サイン会＠釧路

釧路でサイン会を
やることになりました

戻ってきたぞ
釧路〜！

実家

| 妹 | 母 |

アンタが
サイン会ねェ……

まー東京でも
前にやったから！

お母さん　仕事先の知り
心配　合いに整理券
だから　配っといた
　　　　から…！

恥ずかしいこと
してんじゃねェよ
オォォォイ！

地元でのサイン会って
うれしいけど

なーんか
やりづらいなァ…

ハァ…

すみません
仕事で遅れました！

あ…畑さん！

担当編集
畑さん

コーチャンフォー
釧路店

え…ホントですか？

そりゃすごく
うれしいなァ……

北海道新聞と
釧路新聞の方が

取材に来られる
みたいですよ！

えっ……

久しぶり
ヨコ〜！

釧路新聞記者
須貝

あ……あの……

記者が高一の時のクラスメイトなんですけど……

釧路！

いや〜狭いですねェ

この人も釧路出身→

じゃあヨコ…じゃないや

横山さんの今までのお話を…

あ ハイ……

や…やはりやりづらい……

ザヤ

ザヤ

け…けっこー来てくれてますね！

整理券はぜんぶハケたみたいですよ！

うぅっ…よかった

14年間マンガにしがみついてきて…！

って…
あの……

叔父さん…?

いや〜
りょっちィ!

サイン会
なんて
たいしたもんで
ねーかァ!!

叔父さん
お坊さん
なんですね…
ハイ…昔から
かわいがって
もらってます
……

パシャ

パシャ

妹

その後もかなり
知り合いが
来てくれて

了一くん
来たよ〜!

母の友人

アットホームに
サイン会は
終わりました

了一くん
来たよ〜!

母の友人

いや〜
かなり
疲れました
……

ちょっとした
同窓会
でしたね！

ぐったり…

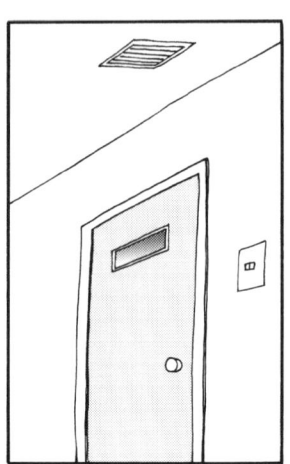

でも
ああやって
昔から
知ってる人が
たくさん来てくれて

なんかずーっと
やりづらかったです……

ハイ

心強かったって
のも

確かに
ありますね！

コーチャンフォーグループのォォ!?

ええっ

あ…ウチの社長です！

ガチャ

でもウチだけは黒字なんだよ！

長い……

もうホント どこも赤字でね

ありがたいお言葉を聞く

いま出版界ってのはね〜

へ〜畑さんが？

ジョ——

トイレ休憩

王国では
そーなんだね〜

あ…
ハイ……

アハハハ

王国…？

…

そこから
京大に
行ったの？

ええ浪人
しましたけど……

あ…
あの… もしかして…
畑さんって…

畑
北海道……
王国……

もしかして
ムツゴロウさんの
親族だったり…

あ
甥です！

甥!!

どこまでも人の
縁から逃れられない
土地 北海道！

北のダンナと西のヨメ ❷

CHAPTER 6

関西ネイティヴ

かくいう僕も、はじめのうちは義母の会話の速さについていくのが大変だった記憶があります。あと、話がよく飛ぶんだよ。

ソースへのこだわり

ヨメ　東京に住んで9年目

あかん

もう限界や……

東京に住んでから　ずっと流されてきたけど…

なんとなく

ええっ…　なんかどーしたの!?　しんどいことでもあった?

中濃ソース使うの限界やわ

今日からウチウスターソースととんかつソースに戻すで!

関西人が決して妥協しないものそれはソース

あ　ハイ…

ヨメがずっと我慢してたなんて知らなかったんです。いや、本当に……！

北海道行ったんですか？

へ〜北海道行ったんですか？

富良野に行ったんですけど

ラベンダー畑すごかったですよ！

北海道好きな担当さんとメシ

あ…そうだ

あと函館の夜景も最高でしたよ！

いや〜ボク富良野って行ったことなくて……

あ…そうですか……

—……

すみませんボク函館も行ったことなくて……

横山さん本当に北海道出身ですか!?

北海道はとにかく広いので道内をろくに回ったことないヤツがたくさんいるぞ！

道内の人間よりも道外の北海道好きの人の方が、遥かにいろんな所に行ってる気がします。

ヨメ上京直後

そしたらソレ隣のおっちゃんやってん！

アハ ハ ハ ハ

うーん

関西ならではのトークだなァ……

ハ ハ ハ ハ ハ

結婚後

ボリッ ボリッ

………

ヨメって別に

家ではおもしろいこと言わないよね……

あたりまえやん

あれはサービス精神のたまものやで！

関西人が常に人を笑わせたいわけではないから気をつけろ！

この理論で行くとヨメは僕に対してサービス精神のかけらもないってことになりますよね……。

085

子供の頃

よく北海道から飛行機でディズニーランドに行ってましたが

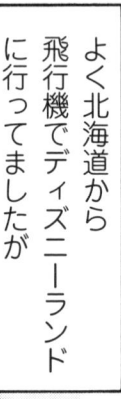

ほとんど行列に並んだ記憶がありません

ワーイ

ええっ…なんで!?

もしかして学校休んで行ってたん!?

いや違うよ

ホラ 冬休みってフツー1月6日くらいまでだけど…

小学校の冬休み（東京）
12月26日
〜
1月6日

北海道は冬休みがメチャクチャ長いから……一月の平日にのうのうとディズニーで遊べるんだよ!!

北海道の小学生の冬休み

12月26日
〜
1月19日

このテクニック使ってる道民地味に多いと思います！

小学生の頃、ビッグサンダーマウンテンに五回連続で乗ったのはいい思い出です。

値引き交渉

そーいう北海道ならではのテクみたいな関西のテクってないの？

テ…テク？

………

ホラ たとえば

値引きがうまい関西人の交渉術とか…

ムリやねん……アタシ気ィ小さいから値引きとかムリやねんッ！

あの…ゴメンなさい…

全ての関西人が面白いわけではないし値引きするわけではないぞ！

この間引っ越したんですけど、ヨメが家賃を値切ろうとしてやっぱり断念してました。

セミと道民

ミーンミンミンミン

ああ

夏本番だなァ……

でもこーいう風景があってこそ

あ～夏だな～って感じがしない？

パパ！またセミしんでる！

このへん東京のイナカだからな～

ミーンミンミン

いやいやいや

釧路 セミ全っ然おらへんやろ…！

極寒の地 釧路

セミすら住まない

ハ～イ

ボク ウソつきました！

セミって大人になってから本物を見たので、とてもあんなもの触れる気がしません。

明石焼きって…

たこ焼きは関西の食べ物なんだよ

へ〜 そうなんだ

大阪だとよく家で作るって！

へ〜

あと明石焼きってのもあって

アレはたぶん神戸の人が家で作るんじゃないかと…

作らへん！作らへんから！イメージだけでデマ流すのやめてくれへん!?

ハ〜イ　ボクまたウソつきました！

もちろん作る方はいるんでしょうけど、たこ焼きのようにみんながみんな作るわけではないらしいです。

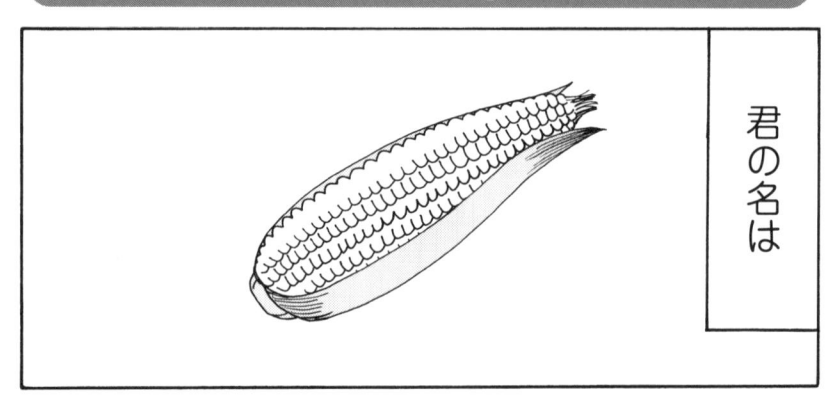

君の名は

とうもろこし
……！

とうきび
……！

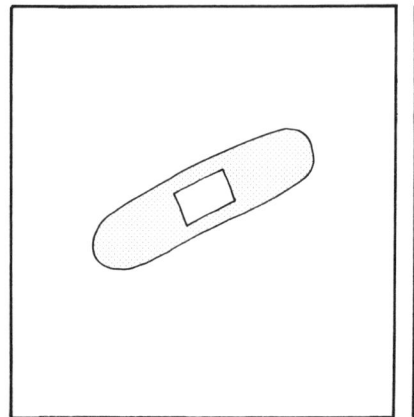

ばんそうこう
……！

サビオ
……！

たまに独特な
言い方が存在する
北海道のことば

「ばんそうこう」も全国でかなり言い方がバラけるみたいです。「リバテープ（熊本地方）」とか「キズバン（富山地方）」とか。

君の名は❷

君の名は

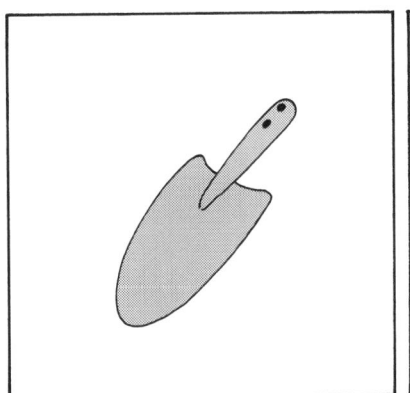

スコップ……！

シャベル……！

東と西で逆でした

スコップ……！

シャベル……！

そういえば村上春樹の小説「世界の終わりとハードボイルド・ワンダーランド」で、夢の世界に出てくるシャベルが関西式のでかい方だったことに驚きました……（村上春樹は兵庫育ちらしいので）。

北のダンナと西のヨメ② CHAPTER 7

七夕いつやる？

今日は
七夕やで！

七夕ね〜
なっかしいわ〜

よその家に
おかし
もらいに
行くんだっけ
……

お…お…
おかし…？

たしか
みんなで
ちょうちん
持ってね〜

へ……
ちょうちん……？

そもそも
7月じゃなくて
8月7日に
やってたけどね！

それすでに
七夕やないやん！

北海道の一部では
なぜかハロウィンのような
七夕が行われます

この北海道ならではの七夕、僕も小さい頃に見たきりでかなり記憶がおぼろげです。でも楽しかったような。

おぞうに

アタシな
おぞうにって
好きやねん！

うんうん

もちの
パリっと
焼いた感じも
好きだし

いやもちは
別に
焼かへんて！

オレも
あの
あっさり風味
好きだよ

いや
あっさりは
してへんやろ

鶏肉を
汁すすり
ながら食うの
うまいよね！

鶏肉なんか
入ってへんて！

何の話
しとるん!?

関西のおぞうには
味噌仕立て・丸餅（焼かない）
具はサトイモ・大根・にんじん
とかなり違います！

ちょっとややこしいんですがヨメはお父さんが名古屋の人なので、名古屋風のお雑煮もかなり多かったらしいです。名古屋のものは餅と葉っぱで超シンプルらしい。

凍らない

北海道から上京して2年目

まああがっていけよ

おじゃましま～す！

えっ…おい…どーした？

屋外

洗濯機を外に置いて……

凍らないんスか!?

道民からすると屋外の洗濯機はファンタジーだぞ！

屋外に洗濯機がある光景は、どうにも違和感があって慣れません。スペース的に仕方ないんでしょうね……。

座るて!

へ…
なんか
おかしい？

そーいう
こともあると
思うけど……

誰も
座らへんのやろ……

なんで
席が空いてるのに

いや
おかしいて！
関西やったら
必ずみんなワーっ
と座るで‼

なんなん
あのョュー！

関西人の
そーいうトコ
あこがれるな〜…

僕はむしろ積極的に座りたい方やから、関西寄りなのかもしれまへんな。

コレがウワサの

人の家の庭から柿を盗んでカミナリオヤジに追いかけられる少年時代を歩んでみたかったです。

アレがウワサの

神戸にて
義母と行動

そーそー
びっくりして
もーて……
てなんでやねん！

ねェコレ
も少し
まからへん？

うーん
アンタだけ
やで！

※コメ農家

アレが
ウワサの
ノリツッコミ
…！

別に
ありがたがる
モンちゃうよ？

アレが
ウワサの
値引き交渉…！

だから別に
ありがたがるモン
ちゃうから！！

関西人は子どもも老人も等しくノリツッコミをするのでしょうか。今度聞いてみます。

がおる

なんかゆうちゃんがおってない？

へ？がおる？

いや北海道弁で「やせてる」って意味で……

だから さも当然のように方言使うなっちゅーねん！

頼むからフツーにやせてる言うてや！

慣れるとすごいしっくりくる言葉なんだけどな〜

1年後

あ〜またがおってるな〜

うん がおってる がおってる！

「がおる」も見事に定着しました

「おだつ」（1巻50頁参照）と「がおる」は横山家のスタンダードな言葉になりました。

関西弁最強説

いや〜そんな感じでほんとまいりましたよ〜

横山さん……

……

やっぱ24歳まで北海道ですからね〜

ハハ……しみついた言葉って取れないもんですね！

たまにアクセントが変ですね

えっ…マジですか？

いやそうじゃなくて……奥さんの**関西弁**がうつってますよ！

関西弁はあらゆる方言を侵食します

ボクシングで言うところの距離感を狂わされた状態が、言葉においてずっと続いている気がします。

安心する!

釧路

…………

ん？
どしたの？

あっ
いや……

…………

北海道ってアタシ
みたいなふくよかな
人が多いから

なんかすごく
安心するな〜って！

車社会だから
あんま歩かない
しね〜……

北海道の冬はとても寒いので、栄養を蓄えるべきなんです。仕方ないんですよ……！

ホントこういう服をいったいどこで見つけてくるのか謎です。次は何の動物なんだろう……。

北のダンナと西のヨメ❷

CHAPTER 8

魚卵はふりかけ

ヨメと北海道に帰省した時の話

あ イクラ あるよ

マジで！ 食べたい 食べたい！

あ〜 コレコレ！ これ見ると 釧路って 感じするわ！

あ タラコも あるよ

マジで？ 食べる食べる！

あと スジコも あるけど…

えーと さすがにもう いいかな…

あと個人的には トビッコも おすすめだけど…

魚卵 何種類 取り揃えとんねん！

道東の人間にとっては 魚卵はふりかけの ようなもの！（2回目）

とびっこはトビウオの卵です。母と祖母はコマイ（タラの仲間）の卵と間違えて ました。ホントに道民かよ。

ソース無限のごとし

ヨメの実家の神戸にて

ソース　なに使う〜？

ハイハイ中濃ソースはないんだよね？

うん　ソレもこないだ覚えた！

そしてお好み焼きにはお好みソース！

あととんかつにはとんかつソース！

うんうん　それも知ってるよ！

関西はウスターが基本やから！

オレはまだ慣れないな〜

さらにたこ焼きにはたこ焼きソース　焼きそばソースなんてのもあるで！

いったいソース何種類持ってんの!?

関西のソースの種類　無限のごとし

ツイッターではこのソースの話題が一番盛り上がった気がします。みんな使うものですからね。

釧路のポジション

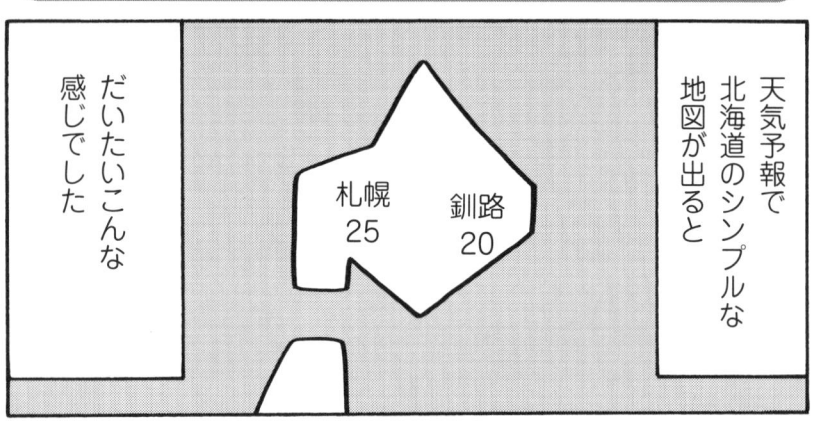

天気予報で北海道のシンプルな地図が出ると

だいたいこんな感じでした

札幌 25　釧路 20

地図で表示されるトコって…

……

横山(小1)

いっつも釧路と札幌だよな

これってつまり…もしかして……

釧路って北海道のナンバー2なのか……!

実際にはナンバー5〜6くらいです（東の方ではでかいってだけ）

大学や就職で釧路から出て、はじめてその微妙なポジションに気付くのです……。

王様のブランチ

ヨメ　関西から
上京直後

コレ
ブランチで紹介
されてたな〜

へ？
ブランチ？

うん
「王様のブランチ」！

有るでしょ！

王様のブランチ
て…

……

関西では土曜の朝は
ローカル番組がどっかりと
居座っているぞ！

何…!?

あの有名な王様のブランチが、まさか関東ローカル番組だったなんて信じられない…！

リンクは自前で

北海道には
スケートの盛んな地域が
多いです

へ〜スケート
得意なんですか？

へ〜スケート

そりゃ
学校にリンクが
あったからね〜

へ〜
リンクって
すごいッスね！

冬は
どこの学校にも
あったんじゃ
ないかな〜

板で仕切って
そこに水を
まいとけば……

寒いから
勝手に
リンクに
なるんだよ！

ジャー

横山さん
オレに
ウソついて
ませんか…？

えっ!?
いやいや
いや…

事実だって！
なんで信じて
くれないの!?

北海道の荒っぽい
リンク製造法 たまに
信じてもらえません

野外のスケートリンクは担当の親御さんが朝から準備するらしいです。過酷ですね……。

ニセ関西弁

二セ関西弁を
たまに使います

ハ〜イ
ゆうちゃん

宿題せな
あかんで〜

なかなか
ええ感じ
やん〜

がんばり
がんばりや
〜

まゆん
（ヨメの仇名）
オレの関西弁も
なかなか
やろ〜？

一つだけ
言っても
ええ？

まゆんの
アクセント
からすでに
おかしい
ねん！

今明かされる
衝撃の真実!!

関西弁 たぶん永遠に
マスターできません

二音目（「ゆ」の字）が上がるのが関西って感じがします。「マクド」みたいな。

北国のアラーム

ギャルルル

パチッ

グーーグー

幼少期の思い出

ギャルルルルル

あ〜
またか〜…

ムクリ

ギャルルルルル

あ〜
ダメだダメだ
砂使わんと！

家の前が坂だったため
冬の朝凍った路面で
タイヤが空転する音で
目が覚めます

あのタイヤの音で何度起こされたことでしょう……。よく知らないおっさんの車を家族で押したこともあったような。

あ〜
やったで！

「ぼんさんが
へをこいた」！

「だるまさんが
ころんだ」って子ども
の頃やった？

あやっとる
やっとる！

懐かしいな〜
アレ！

いや
ゆうちゃんがよく
やってるからさ〜

って待って…

ぼんさんが
へをこいたって
何!?

いや関西やと
そう言うんやて！

リズムも
だるまさんがころんだとは
微妙に違っています

関西のこういう品がないところ、嫌いじゃないです。

ローカル飲料

いまだ道半ば

蓬莱の豚まん
食べたいわぁ……

あ 知ってる知ってる！
551のヤツだよね

夫……

……

……

もうさすがに
関西も知り尽くし
たかな

ひやしあめとかは
食べたことないけど

ひやしあめは
飲み物やで

……!!

わかりそうで
まだまだわからない
関西の食文化！

ひやしあめを飲んだ時、僕は完璧に関西を理解できるような気がするんです。本当です。

いってきまーす！

しかしなんだろう

この光景 なにかもの足りないような……

うーん

冬も深まってきたなァ……

冬の通学路に必ずある……

アレが足りないんだ

へ？どういうこと？

あわかった！

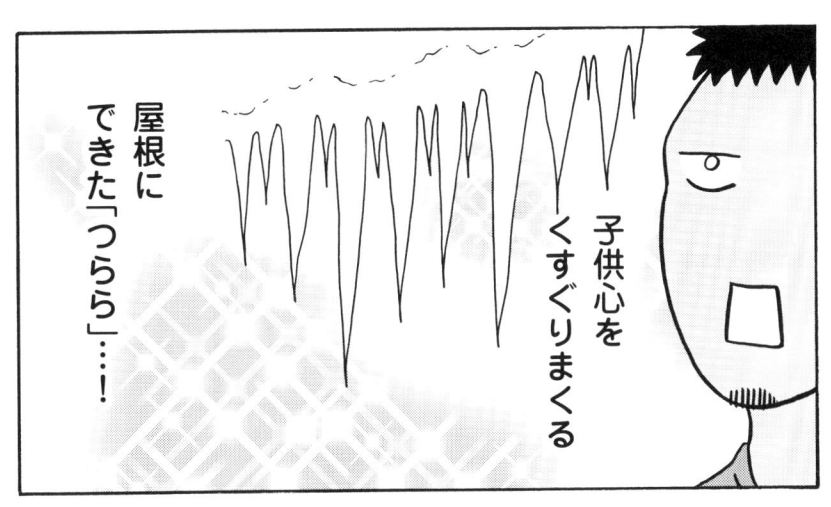

子供心を
くすぐりまくる

屋根に
できた「つらら」…！

—……！

ごめんよく
わからへんわ…

えっ
なんで!?
アレこそ
男子の
ロマンって
やつなのに！

たとえば美しい
つららがあったら

思わず取りたく
なるでしょ？

あんなん取って
どうするん？

そりゃもう
つららで
闘ったり……

思うぞんぶん
なめたりするんだよ

……！

あかんて！　ソレ
めちゃ汚いて!!

え〜っ
黒くなってなきゃ
大丈夫だよ……

ダメなやつ

いや　全部屋根
伝っとるし！
理解
できひんわ〜！

やっぱ男子には
木のぼっこか
つららは必須
だよね……

へ？
ぼっこ？

ぼっこ

あ
棒のことね！

？

でもつららにも
いろいろあるけど

たまーにすっごい
でかいのがあって…

それをキレイに取れた時なんか

宝物を手に入れたような気持ちだったなァ……

あっ…… ちょっと待って！

ちきしょう 全然理解してくれねェ！

……

ゆうちゃん つららって興味ある？

きっと ゆうちゃんなら

男同士 オレの気持ちをわかってくれるはず！

…
??

あ……
ダメだ

?
?

触ったことが
ないから
全然イメージ
できてない
……

よし！
こうなったら…
冬の釧路に
みんなで帰ろう！

寒いから
夏しか帰る気
ないで！

もう一度あの日の
ようにつららを
楽しみたいです

北のダンナと西のヨメ②

CHAPTER EX

西のヨメあとがき

ソースにまつわるお話です!!

どうも!!2巻にも登場西のヨメです!!

今回はたいていの関西人が熱く語るであろう…

関西では中濃ソースがあまり売ってないので新製品だと思った…

中濃ソースが主流だということっ!!

私が上京してスーパーの商品棚でまず驚いたのは…

え…ナニコレ!?

関西人はなんといっても絶対ウスターソース!!

え…中濃ソースじゃなきゃなに使うの?

よくぞきいてくれました!!

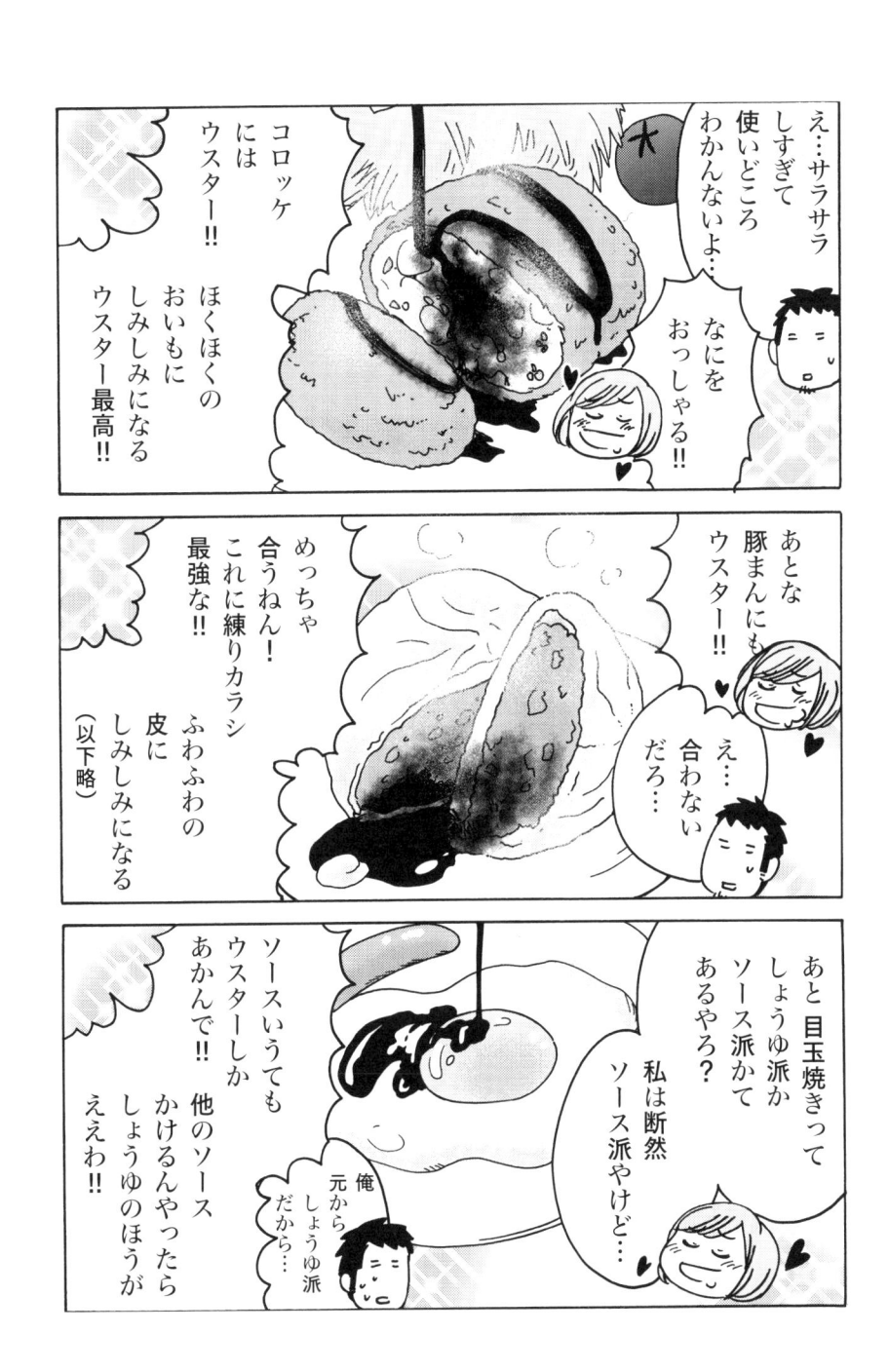

え…サラサラしすぎて使いどころわかんないよ…

なにをおっしゃる‼

コロッケにはウスター‼

ほくほくのおいもにしみしみになるウスター最高‼

あとな豚まんにもウスター‼

え…合わないだろ…

合うねん！めっちゃ最強な！これに練りカラシ

ふわふわの皮にしみしみになる

（以下略）

あと目玉焼きってしょうゆ派かソース派かてあるやろ？

私は断然ソース派やけど…

俺元からしょうゆ派だから…

ソースいうてもウスターしかあかんで‼

他のソースかけるんやったらしょうゆのほうがええわ‼

…とまぁソースについて熱く語ってきましたが…

最後に皆さんが関西人に一番ききたいであろうことに答えます！

関西のオバチャンは…

いつからヒョウ柄を着るのか…!!

モデル
母 直子

ウチの母 直子…彼女のトレードマークともいえるヒョウ柄ですが…

オバちゃんパーマではあった

記憶にある限り私が子どもの頃はヒョウ柄は着ていませんでした

本当にある時ハッと気付いたらヒョウ柄着とったわ……

結論

関西のオバチャンは生まれつきヒョウ柄を着るのではなく…

気付けばいつのまにかヒョウ柄に変貌していくのだ……!!

これで満足いただけましたでしょうか！

いや～なんかスッキリしないなぁ…

あとがきマンガ

いや～今回もいろいろ苦労して…

ズイッ

あちょっといい？

実はこのコミックスと同時発売されました私の新刊「発酵かあさん」！（リイド社・刊）

発酵食品を扱った横山家のグルメ漫画です！

夫や子どもたちも出てくるのでぜひよろしくお願いしま～す！

わーいっ

あとがきが宣伝に乗っ取られた…！

北のダンナと西のヨメ❷

2017年2月25日　第1版発行

著　者　横山了一

発行者　土井尚道

発行所　株式会社 飛鳥新社
〒101-0003　東京都千代田区一ツ橋2-4-3　光文恒産ビル
電話　03-3263-7770（営業）
　　　03-3263-7773（編集）
http://www.asukashinsha.co.jp

印刷・製本　中央精版印刷株式会社

ISBN 978-4-86410-541-5
©Ryoichi Yokoyama 2017,Printed in Japan

装　幀　関 善之 for VOLARE inc.

編　集　畑 北斗